La série XIII a été créée par WILLIAM VANCE et JEAN VAN HAMME

S. VALLÉE - CALLÈDE

BETTY BARNOWSKY

XIII
mystery

Collection dirigée par Jean Van Hamme

Couleurs : Bérengère Marquebreucq

DARGAUD BENELUX

Les événements de ce récit se déroulent après *Rouge total*, tome 5 de la série *XIII*.

Lettrage : Éric Montésinos

Logo : William Vance

Maquette : William Vance & Cynthia Thiéry

Dépôt légal : d/2014/0086/145 • ISBN 978-2-5050-6123-6

Imprimé et relié en France par PPO Graphic, 91120 Palaiseau

www.dargaud.com

MISS ?...

EUH, SERGENT ?...

... ON N'ATTEND PLUS QUE VOUS POUR COMMENCER.

UN INSTANT, J'ARRIVE !

FÉLICITATIONS, MA VIEILLE...

TOUT L'ÉTAT-MAJOR EST PRÉSENT, ET TU T'ENFERMES DANS LES TOILETTES POUR VOMIR TON DÉJEUNER.

PATHÉTIQUE...

VIVEMENT QUE TOUT CE CIRQUE SOIT TERMINÉ !

SERGENT BARNOWSKY...

... VOUS AVEZ FAIT PREUVE D'UN COURAGE ET D'UN DÉVOUEMENT EXEMPLAIRES, ALORS QUE NOTRE PAYS TRAVERSAIT LES HEURES LES PLUS SOMBRES DE SON HISTOIRE RÉCENTE.

AU NOM DU CONGRÈS, JE VOUS REMETS CETTE MÉDAILLE D'HONNEUR, QUI SYMBOLISE LA RECONNAISSANCE DE LA NATION TOUT ENTIÈRE À VOTRE ÉGARD.

ET À TITRE PERSONNEL, JE TIENS À VOUS EXPRIMER MON IMMENSE GRATITUDE. C'EST EN GRANDE PARTIE GRÂCE À VOUS SI JE SUIS LÀ AUJOURD'HUI...

C'EST POURQUOI J'AI TENU À VOUS DÉCORER DÈS LE DÉBUT DE MON MANDAT.

JE... JE N'AI FAIT QUE MON DEVOIR, MONSIEUR LE PRÉSIDENT.

NE SOYEZ PAS SI MODESTE, BETTY, SAVOUREZ PLUTÔT...

... VOTRE TRIOMPHE !

CLAP CLAP CLAP CLAP CLAP CLAP CLAP CLAP CLAP CLAP CLAP CLAP CLAP CLAP CLAP CLAP CLAP CLAP CLAP CLAP CLAP CLAP CLAP CLAP CLAP CLAP CLAP CLAP

CLAP CLAP CLAP CLAP CLAP CLAP CLAP CLAP CLAP CLAP CLAP CLAP CLAP CLAP CLAP

UNE COUPE DE CHAMPAGNE, BARNOWSKY ?

VOLONTIERS, GÉNÉRAL. J'AI BESOIN DE ME REMETTRE DE TOUTES CES ÉMOTIONS !

CHÈRE BETTY, JE SUIS HEUREUX DE DÉCOUVRIR UNE JEUNE FEMME AUSSI SENSIBLE SOUS CET UNIFORME DE SOLDAT D'ÉLITE.

NE PERDEZ JAMAIS CETTE FRAÎCHEUR, CELA VOUS REND ADORABLE.

VOUS ALLEZ ME FAIRE ROUGIR, MONSIEUR LE PRÉSIDENT.

MÉFIEZ-VOUS...

... CE CHER WALLY A TOUJOURS ÉTÉ UN REDOUTABLE SÉDUCTEUR ! JE L'AI SOUVENT VU À L'ŒUVRE...

AH ! AH ! AH ! VOUS ME FAITES UNE RÉPUTATION BIEN FLATTEUSE, CARRINGTON ! VOUS OUBLIEZ QUE JE SUIS UN HOMME MARIÉ... ET FIDÈLE !

PROFITEZ BIEN DE CETTE JOURNÉE, BETTY, ELLE VOUS APPARTIENT.

WAOW ! LE PRÉSIDENT EN PERSONNE ME TROUVE ADORABLE !

DÉSOLÉ DE VOUS ARRACHER À VOS RÊVERIES, SERGENT, MAIS J'AI DEUX CHOSES IMPORTANTES À VOUS ANNONCER.

À COMPTER DE CE JOUR, VOUS ÊTES OFFICIELLEMENT PROMUE SERGENT-CHEF...

C'EST... UN HONNEUR, GÉNÉRAL !

... ET VOUS M'ACCOMPAGNEZ POUR UNE MISSION SPÉCIALE AU SAN MIGUEL.

MAIS JE... J'AI PRIS UNE LONGUE PERMISSION, ET...

PERMISSION ANNULÉE.

JE DOIS ME RENDRE PROCHAINEMENT AU CAMP DES SPADS. VOUS SAVEZ QUE JE RESTE TRÈS ATTACHÉ À CE CORPS D'ÉLITE QUE J'AI CRÉÉ PENDANT LA GUERRE, ET QUI A LONGTEMPS FAIT MA FIERTÉ.

MALHEUREUSEMENT, CETTE UNITÉ A ÉTÉ FORTEMENT ÉBRANLÉE PAR LES ÉVÉNEMENTS DE CES DERNIERS MOIS. LES AGISSEMENTS DE MAC CALL ET DE SES COMPLICES, DONT VOUS AVEZ ÉTÉ TÉMOIN, ONT FRAGILISÉ TOUT L'ÉDIFICE QUE J'AVAIS PATIEMMENT BÂTI.

JE VAIS DONC REPRENDRE LES CHOSES EN MAIN, PERSONNELLEMENT !

VOTRE EXPÉRIENCE CHEZ LES SPADS ME SERA FORT UTILE. ET JE SAIS QUE JE PEUX AVOIR UNE CONFIANCE ABSOLUE EN VOUS.

JE SUPPOSE QUE JE N'AI GUÈRE LE CHOIX.

POURQUOI PAS, APRÈS TOUT ? L'INACTION COMMENCE À ME PESER, ET CE N'EST PAS TRÈS BON POUR MA LIGNE...

COMPTEZ SUR MOI, GÉNÉRAL. JE SUIS VOTRE HOMME !

3

L'ORDRE DE MISSION N'A PAS TRAÎNÉ. DÉPART POUR LE SAN MIGUEL DANS 48 HEURES.

PROFITE BIEN DE TES DERNIERS MOMENTS DE FARNIENTE. TU VAS BIENTÔT RETROUVER LA MOITEUR TROPICALE ET SES INFERNALES PIQÛRES DE MOUSTIQUES !

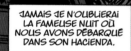

SACRÉ CARRINGTON !

MAIS C'EST AUSSI L'OCCASION RÊVÉE DE RENDRE UNE PETITE VISITE AU MARQUIS DE PRESEAU.

AVOUE-LE, MA VIEILLE, TU CRÈVES D'ENVIE DE LE REVOIR ! IL EST SI DIFFÉRENT DE TOUS CES BALOURDS CROISÉS DANS L'ARMÉE.

UN VRAI GENTLEMAN...

JAMAIS JE N'OUBLIERAI LA FAMEUSE NUIT OÙ NOUS AVONS DÉBARQUÉ DANS SON HACIENDA.

PIÉGÉS EN PLEINE JUNGLE, SON JET PRIVÉ ÉTAIT NOTRE SEUL ESPOIR DE QUITTER LE SAN MIGUEL AU PLUS VITE.

CE BRAVE MARQUIS SEMBLAIT À PEINE SURPRIS D'ÊTRE TIRÉ DU LIT PAR TROIS YANKEES AFFAMÉS ET ARMÉS JUSQU'AUX DENTS.

JE CROIS MÊME QU'AU FOND DE LUI, TOUT ÇA L'AMUSAIT...

IL N'A OPPOSÉ AUCUNE RÉSISTANCE LORSQUE NOUS AVONS DÉVALISÉ SA CUISINE...

... MAIS JE NE POUVAIS ABSOLUMENT RIEN AVALER.

JE NE CESSAIS DE PENSER À CE QUE J'AVAIS FAIT QUELQUES HEURES PLUS TÔT...

TOUT CE SANG...

TOUS CES MORTS...

JE N'AVAIS JAMAIS TUÉ QUELQU'UN AUPARAVANT.

CES TYPES ÉTAIENT DE VRAIES ORDURES. ILS MÉRITAIENT DE CREVER. MAIS IMPOSSIBLE D'ASSUMER UN TEL MASSACRE.

4

BRAD EST UN HOMME MERVEILLEUX !

IL EST REPRÉSENTANT EN INFORMATIQUE, ON S'EST RENCONTRÉS SUR MON LIEU DE TRAVAIL. LE VRAI COUP DE FOUDRE !

IL M'A FAIT SA DEMANDE LA SEMAINE DERNIÈRE, ET J'AI ACCEPTÉ !

JE SUIS SI HEUREUSE. J'AI L'IMPRESSION DE VIVRE UN RÊVE...

MAIS SI ON PARLAIT UN PEU DE TOI ? AUCUN PRÉTENDANT À L'HORIZON ?

MA PETITE SŒUR VA SE MARIER, JE N'ARRIVE PAS À Y CROIRE...

EH BIEN, À VRAI DIRE, JE... J'AI PEUT-ÊTRE RENCONTRÉ QUELQU'UN...

CE N'EST PAS UN MILITAIRE. IL EST FRANÇAIS ET S'APPELLE ARMAND.

FRANÇAIS ?! INTÉRESSANT... JE VEUX TOUT SAVOIR, SŒURETTE !

ALORS, JE LUI RACONTE TOUT... ENFIN PRESQUE TOUT... INTERDICTION ABSOLUE DE FAIRE LA MOINDRE ALLUSION AU COMPLOT DES XX OU À L'OPÉRATION ROUGE TOTAL. "SECRET D'ÉTAT". ON M'A SÉVÈREMENT BRIEFÉE LÀ-DESSUS.

JE ME CONTENTE DE BRODER AUTOUR DE MA RENCONTRE AVEC LE BEL ARMAND... INVENTANT QUELQUES DÉTAILS POUR QUE LA ROMANCE SOIT PLUS BELLE.

MAIS JE ME FATIGUE POUR RIEN. ABIGAIL A DÉJÀ SON IDÉE SUR LA QUESTION...

C'EST ÇA, TON PRINCE CHARMANT ?!

ARRÊTE D'ÊTRE SI TERRE À TERRE, ABI...

UN VIEIL ORIGINAL RETIRÉ AU FIN FOND DE LA JUNGLE ?! QUI A L'ÂGE D'ÊTRE TON PÈRE !

J'ESSAIE JUSTE DE TE METTRE EN GARDE. TU T'EMBARQUES ENCORE DANS UNE DRÔLE D'HISTOIRE !

TU AS PEUT-ÊTRE RAISON, JE...

BETTY ?

BETTY !

RACCOMPAGNE-MOI AU CENTRE. CHEZ LE... MÉDECIN MILITAIRE. JE NE ME SENS PAS TRÈS BIEN.

6

8

VOUS N'AVEZ RIEN DE GRAVE. AUCUN TROUBLE NEUROLOGIQUE, AUCUNE MALADIE VIRALE. VOUS ÊTES SOLIDE, SERGENT...

VOUS ME RASSUREZ, J'AI CRU QUE...

CEPENDANT...

... J'AI LÀ UN RÉSULTAT D'ANALYSE QUI MÉRITE TOUTE VOTRE ATTENTION.

REVENEZ ME VOIR DANS QUELQUES JOURS.

OUI... MERCI, DOCTEUR.

BETTY ? COMMENT VAS-TU ? TU ES RESTÉE DES HEURES DANS CE CABINET...

BETTY ?

PARLE-MOI, JE T'EN PRIE ! C'EST GRAVE ? TU ES MALADE ?

PIRE QUE ÇA...

JE SUIS ENCEINTE.

MAIS... QUI EST LE PÈRE ? TON FRANÇAIS ?!

MERDE, BETTY, GRANDIS UN PEU ! QUAND VAS-TU COMPRENDRE QUE LES MOYENS DE CONTRACEPTION NE SONT PAS FAITS POUR LES CHIENS ?!

TU COMPTES FAIRE QUOI, MAINTENANT ?!

NON. AUCUNE IMPORTANCE. SÛREMENT UN TYPE QUI M'A DÉJÀ OUBLIÉE.

AVORTER ?! C'EST ÇA, TA SOLUTION ?

ÇA NE SERAIT QUE LA TROISIÈME FOIS ! PRESQUE UNE HABITUDE CHEZ TOI.

JE T'INTERDIS DE ME PARLER COMME ÇA !!

JE N'AVAIS PAS LE CHOIX À L'ÉPOQUE ! TU N'AS AUCUNE IDÉE DE CE QUE J'AI DÛ ENDURER !

ET ÇA NE T'A PAS SERVI DE LEÇON ?! QUAND CESSERAS-TU DE T'ENVOYER EN L'AIR AVEC LE PREMIER VENU ?

TU VEUX AVOIR LA MÊME VIE QUE MAMAN, C'EST ÇA ?

TU EN PRENDS TOUT DROIT LE CHEMIN !

OCCUPE-TOI DE TES FESSES, ABI !

JE N'AI PAS BESOIN DES SERMONS D'UNE SŒUR HYSTÉRIQUE !

VA DONC RETROUVER TON MERVEILLEUX BRAD !

JE RÉGLERAI MES PROBLÈMES SEULE ! TU M'ENTENDS ?!

SEULE !

10

BETTY BARNOWSKY, TU ES VRAIMENT LA REINE DES CONNES.

TU SAIS TRÈS BIEN QUI EST LE PÈRE.

LE MÉDECIN A PARLÉ DE HUIT SEMAINES... J'ÉTAIS ENCORE CHEZ LES SPADS. LES DATES, TOUT CONCORDE.

C'EST LUI.

C'EST FORCÉMENT LUI.

MAIS POURQUOI JE ME SUIS JETÉE À SON COU CETTE NUIT-LÀ ? *

J'AVAIS TROP BU. JE ME SENTAIS SEULE...

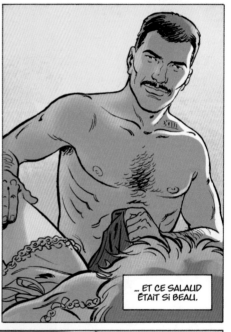

... ET CE SALAUD ÉTAIT SI BEAU.

XIII...

MAUDIT XIII.

QU'EST-CE QUE JE VAIS FAIRE ?...

QU'EST-CE QUE JE VAIS FAIRE ?...

9

* VOIR XIII, L'ALBUM "SPADS".

BARNOWSKY ! QUEL PLAISIR DE VOUS REVOIR ! J'AI APPRIS QUE VOUS AVIEZ ÉTÉ DÉCORÉE. TOUTES MES FÉLICITATIONS.

MERCI, LIEUTENANT JONES.

"MAJOR" JONES.

EH OUI, VOUS N'ÊTES PAS LA SEULE À ÊTRE DANS LES PETITS PAPIERS DE SHERIDAN... PROMOTION EXCEPTIONNELLE ET UN AN DE CONGÉ AVEC SOLDE PLEINE, SUR INTERVENTION PERSONNELLE DU NOUVEAU PRÉSIDENT.

POUR MA CONVALESCENCE, J'AI MÊME DROIT À UN SÉJOUR LONGUE DURÉE DANS CE PALACE, AVEC TOUT LE PERSONNEL AUX PETITS SOINS POUR MOI.

VOUS AVEZ L'AIR EN FORME.

MILITARY HEALTH CENTER

QU'EST-CE QUE VOUS CROYEZ ?! CE N'EST PAS UNE BALLE DANS LE VENTRE QUI VA M'ARRÊTER ! PAR CONTRE, JE PEUX DIRE ADIEU AUX BIKINIS SUR LA PLAGE.

ET VOUS, RIEN À ME RACONTER ?

EN FAIT, JE...

... JE VOULAIS SAVOIR SI VOUS SAVIEZ OÙ SE TROUVE TANNER...

JE VEUX DIRE, FLY...

... ENFIN, XIII.

XIII, ÉVIDEMMENT !! C'EST POUR LUI QUE VOUS ÊTES VENUE ! POURQUOI FAUT-IL QUE LA TERRE ENTIÈRE TOURNE AUTOUR DE CE FICHU NUMÉRO XIII ?

DÉSOLÉE DE VOUS DÉCEVOIR, MAIS J'IGNORE OÙ SE TROUVE NOTRE AMNÉSIQUE PRÉFÉRÉ. SANS DOUTE QUELQUE PART LOIN D'ICI, SUR LES TRACES DE SON PASSÉ...

VOUS FERIEZ MIEUX DE FAIRE UNE CROIX SUR LUI.

POURQUOI VOULIEZ-VOUS LE VOIR ? C'EST SI IMPORTANT ?

NON, JE VOULAIS JUSTE... RIEN DE GRAVE, ÇA PEUT ATTENDRE.

10

JE NE VEUX PAS VOUS EMBÊTER PLUS LONGTEMPS. JE SUIS CONTENTE DE VOIR QUE VOUS ALLEZ BIEN.

EN RÉALITÉ, IL ME FAUDRA PLUS DE TEMPS QUE PRÉVU POUR ME REMETTRE.

LA BALLE QUI M'A TOUCHÉE A FAIT DES DÉGÂTS IRRÉVERSIBLES.

JE NE POURRAI JAMAIS AVOIR D'ENFANT.

OUBLIEZ CE QUE JE VIENS DE VOUS DIRE. JE FINIRAI BIEN PAR SURMONTER ÇA...

ÊTRE MÈRE, TRÈS PEU POUR MOI, UNE BELLE CARRIÈRE DANS L'ARMÉE M'ATTEND ! C'EST TOUT CE QUI COMPTE.

UNE BELLE CARRIÈRE... VOUS AVEZ SANS DOUTE RAISON, "MAJOR".

11

13

MERCI, JONES, VOUS M'AVEZ VRAIMENT FOUTU LE MORAL À ZÉRO...

JE NE SUIS PLUS TRÈS SÛRE D'AVOIR LA FORCE DE PARTIR DEMAIN POUR LE SAN MIGUEL.

RETROUVER ARMAND N'EST PEUT-ÊTRE PAS UNE BONNE IDÉE, DANS MON ÉTAT...

JE NE PEUX QUAND MÊME PAS LUI ANNONCER LA BOUCHE EN CŒUR QUE JE ME SUIS FAIT ENGROSSER PAR UN TYPE QUI N'A MÊME PAS DE NOM...

IL NE LUI FAUDRA PAS DEUX SECONDES POUR ME CLAQUER LA PORTE AU NEZ, JE VOIS D'ICI LE TABLEAU...

UNE CHOSE EST SÛRE...

... JE N'AURAI PAS LA FORCE D'AVORTER UNE NOUVELLE FOIS.

J'AI VÉCU LA PIRE ÉPREUVE QU'UNE GAMINE DE DIX-SEPT ANS PUISSE ENDURER...

JE NE VEUX PLUS JAMAIS REVIVRE ÇA !

JAMAIS !

ET MAINTENANT, JE FAIS QUOI ? JE NE ME VOIS PAS ÉLEVER SEULE CE... CET ENFANT.

BETTY BARNOWSKY, POURQUOI FAUT-IL QUE TA VIE SOIT TOUJOURS AUSSI COMPLIQUÉE ?

NOUS SOMMES EN RETARD SUR NOTRE PLAN DE VOL, GÉNÉRAL. NOUS DEVONS DÉCOLLER.

FAITES CHAUFFER LES RÉACTEURS...

NOUS SOMMES AU COMPLET.

DÉSOLÉE POUR LE RETARD, GÉNÉRAL. MAUVAISE NUIT.

VOUS AVEZ DES PROBLÈMES, SOLDAT ?

RIEN QUI PUISSE COMPROMETTRE LA MISSION.

TRÈS BIEN ! NE PERDONS PAS DE TEMPS.

13

L'OBJECTIF DE LA MISSION EST CLAIR : FAIRE LE MÉNAGE DANS LE CAMP DES SPADS !

RAPPELEZ-VOUS, LES HOMMES DE MAC CALL ONT TENTÉ D'EN PRENDRE LE COMMANDEMENT PAR LA FORCE, LE JOUR DE "ROUGE TOTAL".

SI LA PLUPART DE CES TRAÎTRES ONT ÉTÉ NEUTRALISÉS APRÈS PLUSIEURS HEURES DE COMBAT ACHARNÉ, UNE POIGNÉE D'ENTRE EUX ONT RÉUSSI À FUIR. ILS SE TERRENT AUJOURD'HUI DANS LA JUNGLE. LEUR CAPTURE N'EST PLUS QU'UNE QUESTION DE TEMPS.

MAIS NE CRIONS PAS VICTOIRE TROP TÔT. LES GERMES DE L'INSURRECTION ONT ÉTÉ SEMÉS AU SEIN DU CAMP...

UNE SALOPERIE DE TUMEUR QU'IL FAUT ÉRADIQUER AU PLUS VITE.

CAPITAINE HANSON, MAJOR BROWNING, VOUS PRENDREZ LE COMMANDEMENT DU CAMP. VOUS ME RENDREZ COMPTE QUOTIDIENNEMENT. JE NE TOLÉRERAI AUCUN FAUX PAS.

BIEN, MON GÉNÉRAL.

BARNOWSKY, VOUS SEREZ NOTRE RELAIS AVEC LES HOMMES DU RANG. EN TANT QUE SERGENT, VOUS AVEZ DÉJÀ ENCADRÉ LA PLUPART D'ENTRE EUX. VOUS DEVREZ IDENTIFIER LES INDIVIDUS SENSIBLES AUX PIRES IDÉOLOGIES, PRÊTS À BASCULER À LA MOINDRE OCCASION...

ÉLIMINER LES MÉTASTASES.

EN QUELQUE SORTE.

JE NE VOUS CACHE PAS QUE CETTE MISSION SERA DES PLUS DÉLICATES. L'HONNEUR DES SPADS EST EN JEU.

ET N'OUBLIEZ PAS QUE NOUS SOMMES TOUJOURS EN GUERRE.

UNE GUERRE SOUTERRAINE QUI A DÉJÀ TUÉ UN PRÉSIDENT...

... ET QUI EST LOIN D'ÊTRE ACHEVÉE.

14

TOUT VA BIEN, BARNOWSKY ?

JE VOUS OBSERVE DEPUIS UN MOMENT, VOUS SEMBLEZ PRÉOCCUPÉE...

C'EST PERSONNEL. L'OCCASION SE PRÉSENTE POUR MOI DE DONNER UNE NOUVELLE DIRECTION À MA VIE...

PROMETTEZ-MOI DE PRENDRE ENCORE LE TEMPS DE LA RÉFLEXION.

JE SONGEAIS À MON AVENIR AU SEIN DE L'ARMÉE. JE... J'AI BEAUCOUP RÉFLÉCHI CES DERNIERS TEMPS. À NOTRE RETOUR, JE COMPTE PRÉSENTER MA DÉMISSION.

AH... PUIS-JE EN CONNAÎTRE LES RAISONS ?

ET JE NE VEUX PAS LAISSER PASSER MA CHANCE, CETTE FOIS-CI.

SI JE PEUX ME PERMETTRE, VOUS FAITES PEUT-ÊTRE UNE ERREUR. VOUS ÊTES UN EXCELLENT SOLDAT ET VOUS AVEZ TOUTES LES QUALITÉS POUR DEVENIR UN JOUR OFFICIER.

ON ATTERRIT DANS COMBIEN DE TEMPS, COMMANDANT ?

NOUS ENTAMONS LA DESCENTE.

DITES AUX PASSAGERS DE BOUCLER LEURS CEINTURES.

FAITES-NOUS CONFIANCE...

... ON VA PRENDRE SOIN D'EUX.

15

17

MAIS ?! ON VIRE PLEIN OUEST, GÉNÉRAL !

PERSONNE NE BOUGE !

OBÉISSEZ, ET TOUT SE PASSERA BIEN.

NOM DE DIEU ! À QUOI VOUS JOUEZ ?

BAISSEZ CETTE ARME, WIGINS ! AVANT DE FAIRE UNE...

LA FERME, CARRINGTON !

ASSIS !

HANSON ! NOOON !

FILS DE PUTE, JE VAIS TE...

16

RECULEZ, TOUS ! OU VOUS FINIREZ COMME CET ABRUTI !

VOUS ÊTES CINGLÉ ! QU'EST-CE QUE VOUS VOULEZ, BON SANG ?!

VOS GUEULES ! ASSEYEZ-VOUS.

EXÉCUTION.

HANSON...

NE FAITES PAS L'IDIOT. ON NE PEUT PLUS RIEN POUR LUI.

TOUT LE MONDE ATTACHE SAGEMENT SA CEINTURE. ON VA ATTERRIR.

C'EST ÇA, VOTRE PISTE ?!

VOUS PLAISANTEZ, J'ESPÈRE ?!

ACCROCHEZ-VOUS ! ÇA VA SECOUER !

17

PAS TROP DE CASSE, SOLDATS ?

NON... MON GÉNÉRAL.

BETTY ?

ÇA VA, GÉNÉRAL.

PUTAIN D'ATTERRISSAGE !

JE T'AVAIS BIEN DIT QUE J'ÉTAIS LE MEILLEUR !

TU AS FAILLI NOUS FAIRE CREVER, OUAIS.

HÉ ! C'EST UNE PISTE POUR LES PETITS COUCOUS DES NARCOTRAFIQUANTS, PAS POUR LES ENGINS DE CETTE TAILLE !

O.K., LAISSE TOMBER.

TOUT LE MONDE DESCEND.

BIENVENUE CHEZ LES VRAIS SPADS, GÉNÉRAL CARRINGTON !

19

J'ESPÈRE QUE VOTRE SÉJOUR PARMI NOUS VOUS SERA AGRÉABLE.

SAUF VOTRE RESPECT, GÉNÉRAL, VOUS DEVRIEZ FERMER VOTRE GRANDE GUEULE.

ARRÊTEZ VOTRE CIRQUE, ET RELÂCHEZ-NOUS IMMÉDIATEMENT. C'EST UN ORDRE !

VOUS N'ÊTES PLUS À WASHINGTON. C'EST NOUS QUI MENONS LA DANSE, ICI. FAITES LE CON, ET C'EST VOTRE AMI LE MAJOR QUI TRINQUE...

... OU CETTE TRÈS CHÈRE BARNOWSKY.

VOUS CONNAISSEZ CES HOMMES ?

OH, OUI. LA "CRÈME DE LA CRÈME" DES SPADS. VIOLENTS, INDISCIPLINÉS, BAGARREURS.

LES BREBIS GALEUSES DONT VOUS PARLIEZ, GÉNÉRAL.

VOUS ENTENDEZ ÇA, LES GARS ? LA ROUQUINE NOUS A RECONNUS !

TU N'ÉTAIS PAS PRÉVUE AU PROGRAMME, MA JOLIE ! MAIS TU VAS VOIR, ON VA PRENDRE BIEN SOIN DE TOI.

EN ROUTE !

BON, ASSEZ BAVASSÉ. ON DOIT ÊTRE RENTRÉS AU CAMP AVANT LA NUIT.

20

22

FAUT TE FAIRE UNE RAISON, MA VIEILLE. QUAND DES EMMERDES SE PROFILENT À L'HORIZON, C'EST TOUJOURS POUR TON MATRICULE.

ET CETTE FOIS, TU AS DÉCROCHÉ LE GROS LOT.

DES SPADS DÉSERTEURS, IMBIBÉS D'ALCOOL ET EN MANQUE D'AFFECTION...

... AVEC CET ENFOIRÉ DE CAPORAL BARNES À LEUR TÊTE.

UN DES PLUS FIDÈLES LIEUTENANTS DE MAC CALL, IMPRÉVISIBLE ET DANGEREUX.

T'AS VRAIMENT INTÉRÊT À LA METTRE EN VEILLEUSE...

HÉ, BARNOWSKY !

TU TE SOUVIENS DE MOI ? WILCOX, TROISIÈME BATAILLON. ON FAISAIT SOUVENT LA BRINGUE LES SOIRS DE PERMISSION.

MÊME QU'UNE FOIS, ON A FINI LA NUIT DANS TA PIAULE !

RAPPELLE-TOI, JE T'AVAIS FAIT HURLER DE PLAISIR PENDANT DES HEURES. ET T'EN REDEMANDAIS !

LÂCHE-MOI, WILCOX !

ON POURRAIT REMETTRE ÇA CE SOIR, HEIN ?! J'INVITERAIS QUELQUES POTES. QU'EST-CE QUE T'EN DIS, PETITE PUTE ?

23

24

REGARDEZ, LES GARS ! BARNES EST DE RETOUR !

HÉ, CARRINGTON ! MES RESPECTS, GÉNÉRAL DE MES DEUX. AH ! AH ! AH !

REGARDEZ QUI VOILÀ ! CETTE SALOPE DE BARNOWSKY !

ÉCARTEZ-VOUS, LE CHEF NOUS ATTEND !

UNE VINGTAINE D'HOMMES, PEUT-ÊTRE TRENTE.

ARMEMENT LOURD, EXPLOSIFS... ILS NE SONT PAS PARTIS DU CAMP DES SPADS LES MAINS VIDES.

ON VA ENFIN SAVOIR QUI COMMANDE CE TROU À RATS.

CAPORAL BARNES AU RAPPORT. L'OPÉRATION S'EST PARFAITEMENT DÉROULÉE.

NON, C'EST IMPOSSIBLE !

QUINN ?!

TU PENSAIS NE JAMAIS RECROISER MA ROUTE, HEIN, BARNOWSKY ? COMME TU LE VOIS, JE FAIS TOUJOURS PARTIE DU MONDE DES VIVANTS.

OH, MON DIEU...

REGARDE-MOI BIEN, BEAUTÉ...

... TU AS DEVANT TOI...

... UN PUTAIN DE MIRACULÉ.

VOUS VOUS DEMANDEZ BIEN COMMENT J'AI PU RÉCHAPPER DU CRASH DE CE FOUTU HÉLICO*, HEIN ?

LE SOUFFLE DE L'EXPLOSION M'A PROJETÉ À PLUSIEURS DIZAINES DE MÈTRES. FRACTURES OUVERTES, BRÛLURES SUR TOUT LE CORPS. JE SUIS RESTÉ DEUX JOURS ENTRE LA VIE ET LA MORT.

LES HOMMES DE MAC CALL ONT RÉUSSI À RÉCUPÉRER MA CARCASSE POURRIE... MÊME LES BÊTES SAUVAGES N'EN AVAIENT PAS VOULU.

J'AI PASSÉ LES SEMAINES SUIVANTES DANS UN VILLAGE AU MILIEU DE LA JUNGLE. LES REMÈDES D'UNE VIEILLE REBOUTEUSE ONT FINI PAR ME RETAPER...

... PLUS OU MOINS.

UN PUTAIN DE MIRACULÉ, JE VOUS DIS.

VOUS RIREZ BEAUCOUP MOINS APRÈS QUELQUES JOURS PASSÉS EN NOTRE COMPAGNIE.

VOILÀ UNE HISTOIRE TRÈS TOUCHANTE. QU'ATTENDEZ-VOUS DE NOUS ? UNE PENSION D'INVALIDITÉ ?

BON SANG, QUINN !

VOTRE FICHU COUP D'ÉTAT A ÉCHOUÉ ! VOUS ET VOTRE ARMÉE DE BRAS CASSÉS FERIEZ MIEUX DE VOUS RENDRE !

AH ! AH ! AH !

PLUTÔT CREVER.

* VOIR XIII, L'ALBUM "SPADS".

26

VOUS SAVEZ TRÈS BIEN QUE C'EST LA COUR MARTIALE QUI NOUS ATTEND.

AUCUN D'ENTRE NOUS N'A ENVIE D'ALLER CROUPIR DANS UNE DE VOS BELLES PRISONS MILITAIRES.

MAIS PAS QUESTION NON PLUS DE RESTER CACHÉS AU FOND DE CETTE JUNGLE JUSQU'À LA FIN DE NOS JOURS.

DES COMPLICES NOUS ONT PRÉVENUS DE VOTRE PETIT VOYAGE AU SAN MIGUEL. EH OUI, GÉNÉRAL, LE MÉNAGE N'A PAS ENCORE ÉTÉ FAIT AU SEIN DE L'ÉTAT-MAJOR !

MAINTENANT QUE NOUS DÉTENONS LE CHEF DU PENTAGONE EN PERSONNE, VOS AMIS DE WASHINGTON VONT DEVOIR CÉDER À NOS REVENDICATIONS...

ET ON VEUT LA TOTALE !

L'ABANDON DES POURSUITES. LA POSSIBILITÉ DE SE RÉFUGIER DANS UN PAYS SANS ACCORDS D'EXTRADITION. ET POUR FINIR...

... LE VERSEMENT D'UNE RANÇON DE DIX MILLIONS DE DOLLARS.

LE TEMPS EST VENU DE PRENDRE UNE RETRAITE BIEN MÉRITÉE, APRÈS DES ANNÉES DE BONS ET LOYAUX SERVICES DANS L'ARMÉE.

LA FIÈVRE VOUS EST MONTÉE AU CERVEAU, QUINN. ON NE VOUS LAISSERA JAMAIS MONNAYER VOTRE AMNISTIE.

DES UNITÉS COMMANDOS SONT SÛREMENT DÉJÀ EN ROUTE POUR NOUS SORTIR D'ICI.

NOUS SOMMES PRÊTS À LES RECEVOIR. ON Y LAISSERA PEUT-ÊTRE NOTRE PEAU, MAIS VOUS AUSSI !

ASSEZ, QUINN ! VOUS DÉSHONOREZ L'UNIFORME QUE VOUS PORTEZ !

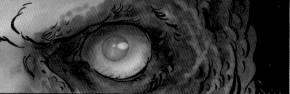

BON DIEU DE MERDE ! VOUS NE SAVEZ RIEN DE L'HONNEUR, MAJOR !

25

VOUS AVEZ CHOISI DE VOUS APLATIR DEVANT UN GOUVERNEMENT QUI ABÂTARDIT NOTRE NATION EN PROTÉGEANT LES NOIRS, LES PÉDÉS ET LES JUIFS !

MÊME L'ARMÉE N'EST PLUS ÉPARGNÉE PAR TOUTES CES SALES IDÉES PROGRESSISTES ! À CAUSE DE VOUS, CARRINGTON !

TU N'AVAIS RIEN À FAIRE DANS NOS RANGS, BARNOWSKY. TU ES JUSTE BONNE À TORCHER DES MÔMES.

MAC CALL AVAIT RAISON. NOTRE PAYS A BESOIN DE RETROUVER SA GRANDEUR GRÂCE À DES HOMMES, DES VRAIS...

VOUS AVEZ TRANSFORMÉ NOTRE CORPS D'ÉLITE EN UN RÉGIMENT DE GONZESSES, AVEC VOS "UNITÉS FÉMININES DE COMBAT" !

... CAPABLES DE BOTTER LE CUL DE TOUS CES ENFOIRÉS QUI NOUS DIRIGENT !

JOLI DISCOURS. VOUS OUBLIEZ QUE VOS AMIS SI VIRILS ONT TOUS ÉCHOUÉ DANS LEUR TENTATIVE DE PRENDRE LE POUVOIR, MAC CALL EN TÊTE.

D'AUTRES RÉUSSIRONT, CARRINGTON, CE N'EST QU'UNE QUESTION DE TEMPS...

ET MAINTENANT, FOUTEZ LE CAMP !

JE VOUS AI ASSEZ VUS. DEHORS !

QUE PERSONNE NE LES APPROCHE. JE VEUX GARDER INTACTE NOTRE MONNAIE D'ÉCHANGE.

BARNES, ATTENDEZ... VOUS M'AVEZ RAPPORTÉ CE QUE JE VOUS AI DEMANDÉ ?

OUAIS, J'AI VOTRE PETIT CADEAU.

DE LA PART D'UN VIEUX CHAMAN. IL M'A GARANTI QUE VOUS ALLIEZ PLANER. ON NE MENT PAS, AVEC UNE ARME SUR LA TEMPE.

FAITES DE BEAUX RÊVES...

26

28

J'AI POUSSÉ LA PORTE SANS RÉFLÉCHIR. JAMAIS JE N'AVAIS PENSÉ À M'ENRÔLER SOUS LES DRAPEAUX.

ET VOUS SAVEZ QUOI ? LA VIE MILITAIRE M'A PLU. J'Y AI TROUVÉ UN CADRE RASSURANT, PRESQUE UNE FAMILLE...

MAIS ÇA N'A DURÉ QU'UN TEMPS !

TRÈS VITE, JE ME SUIS RETROUVÉE PLONGÉE DANS VOTRE FOUTU COMPLOT. ET LÀ, J'AI DÉCOUVERT QUE L'ARMÉE AUSSI COMPORTAIT SON LOT DE SALOPARDS DE PREMIÈRE CATÉGORIE.

C'EST TOUJOURS PAREIL. LA POISSE ME POURSUIT, OÙ QUE J'AILLE, ET JE NE PEUX RIEN Y CHANGER.

S'IL Y A UN BON DIEU LÀ-HAUT, IL A VRAIMENT DÉCIDÉ DE M'EN FAIRE BAVER.

DÉSOLÉE DE VOUS AVOIR SAOULÉ AVEC TOUT ÇA, GÉNÉRAL. JE...

VOUS ME FAITES PENSER À MA FILLE.

KIM...

VOUS DEVEZ AVOIR LE MÊME ÂGE. ELLE AUSSI A TRAVERSÉ BEAUCOUP D'ÉPREUVES, PARFOIS JUSQU'À RISQUER SA VIE.

JE N'AI PLUS AUCUNE NOUVELLE D'ELLE AUJOURD'HUI. JE DONNERAIS N'IMPORTE QUOI POUR ÊTRE À SES CÔTÉS... POUR LA PROTÉGER COMME UN PÈRE DOIT LE FAIRE.

JE... J'IGNORAIS.

JE NE VOUS LAISSERAI PAS TOMBER, BETTY. JE FERAI TOUT POUR VOUS SORTIR DE CE CAUCHEMAR.

JE VOUS EN FAIS LE SERMENT.

NE COMPTEZ PAS SUR MOI POUR PARTICIPER À CETTE MASCARADE !

J'AI CONSCIENCE DU CARACTÈRE HUMILIANT DE LA SITUATION, CARRINGTON...

... MAIS ON NE VA PAS Y PASSER LA JOURNÉE.

SPADS

VOUS ALLEZ VOUS ASSEOIR SUR VOTRE ORGUEIL MAL PLACÉ ET LIRE LA LISTE DE NOS REVENDICATIONS.

ET SOYEZ CONVAINCANT, QUE CES PLANQUÉS DE LA MAISON-BLANCHE FASSENT DANS LEURS FROCS.

LISEZ !

8 IEL E8 1   0:06:18:35   128min

5 52   515   499 1172

TU DOIS CREVER DE SOIF.

TU PEUX ENCORE TE RACHETER... AIDE-MOI À ME TIRER D'ICI.

TU ME DOIS BIEN ÇA.

JE... JE NE PEUX PAS REVENIR EN ARRIÈRE... J'AI CHOISI MON CAMP. ILS ME TUERAIENT.

DÉSOLÉ.

ÇA Y EST, LES GARS ! LE RAVITAILLEMENT ARRIVE !

PAS TROP TÔT, ON ÉTAIT À SEC !

¡ BUENOS DÍAS, AMIGOS !

QU'EST-CE QUE TU RAMÈNES DE BON ?

PROVISIONS, ALCOOL, TABAC... ¡ PARA TODOS !

ILS ONT DES COMPLICES CHEZ LES PAYSANS DU COIN. DE QUOI RESTER PLANQUÉS PENDANT DES MOIS...

MAIS... CE TYPE ! C'EST...

... EMILIANO !*

LE SALOPARD... TOUJOURS DANS LES MAUVAIS COUPS.

AÏE ! ON DIRAIT QU'IL M'A RECONNUE.

PLUS DE DOUTE, MA VIEILLE. LA POISSE, JUSQU'AU BOUT DU MONDE.

32

* VOIR XIII, L'ALBUM "ROUGE TOTAL".

JE REFUSE DE LIRE CE TISSU DE CONNERIES.

TRÈS BIEN, VOUS L'AUREZ VOULU... BARNES ?

OBÉISSEZ, CARRINGTON, OU JE LE SAIGNE COMME UN PORC.

JE COMPTE JUSQU'À TROIS...

UN...

DEUX...

NE FAITES PAS ÇA !

TR...

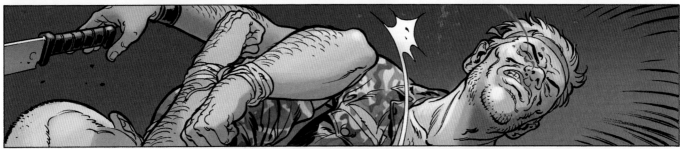

NE POSE PLUS JAMAIS LES MAINS SUR MOI, ORDURE !!

LÂCHE-LE !

FINI DE JOUER, MAJOR.

VA AU DIABLE.

QUINN, NON !!! JE VAIS LIRE VOTRE TEXTE !

CHEF ! ON A UN PROBLÈME AVEC LA FILLE !

33

* VOIR L'ALBUM "SPADS".

TOUT LE MONDE S'ÉCARTE !

ON VA AVOIR DROIT À UN COMBAT DANS LES RÈGLES DE L'ART... UN DUEL À MORT !

C'EST DU DÉLIRE, QUINN ?!

REGARDE CE QUE JE SUIS DEVENU, À CAUSE DE TOI ! N'ATTENDS AUCUNE PITIÉ DE MA PART.

DONNEZ UN COUTEAU AU GAMIN !

QUANT À TOI, BARNOWSKY...

... TA SEULE ARME SERA TON ENTRAÎNEMENT CHEZ LES SPADS...

... J'ESPÈRE QUE TU N'AS PAS OUBLIÉ CE QUE JE T'AI APPRIS.

QUE LE MEILLEUR GAGNE ! AH ! AH ! AH !

QU'EST-CE QUI SE PASSE, DEHORS ?

VIENS JETER UN OEIL. LE SPECTACLE VA COMMENCER.

RIEN À FAIRE, LES LIENS SONT TROP SERRÉS.

J'AI CE QU'IL FAUT POUR NOUS SORTIR D'ICI, GÉNÉRAL.

PETIT SOUVENIR DE MON CORPS À CORPS AVEC BARNES.

35

36

38

NON. PAS ÇA... MON BÉ...

¡ MUÉRETE !

NOON !

¡ POR MI... HERMANO !

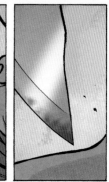

BLAM

QUI A TIRÉ ?!

ON NOUS ATTAQUE ! À COUVERT !!

PAR ICI, BETTY !!

ABATTEZ LE MAJOR ! JE VEUX CARRINGTON !

GRENADE !!

39

RATTRAPEZ-LES, BORDEL !!

COUREZ !
IL FAUT S'ÉLOIGNER LE PLUS POSSIBLE DU CAMP !

ON LEUR A LAISSÉ UN CADEAU D'ADIEU !

DU NERF, BARNOWSKY ! CE N'EST PAS LE MOMENT DE FLANCHER...

ON DOIT METTRE LE MAXIMUM DE DISTANCE ENTRE EUX ET NOUS.

JE... J'AVAIS JUSTE BESOIN DE SOUFFLER, MAJOR.

ACCROCHEZ-VOUS À MOI ET SERREZ LES DENTS. ON REPART !

IL FAUDRA SE CONTENTER DE CES QUELQUES FRUITS. MANGEZ, SERGENT, VOUS EN AVEZ BESOIN.

MAJOR, VOUS PRENDREZ LE PREMIER TOUR DE GARDE.

À VOS ORDRES, GÉNÉRAL.

LAISSEZ-MOI JETER UN COUP D'ŒIL SUR VOTRE BLESSURE, BARNOWSKY.

CE N'EST RIEN, JUSTE UNE ÉRAFLURE.

NE PRENEZ PAS ÇA À LA LÉGÈRE...

EN PLEINE JUNGLE, LA MOINDRE INFECTION PEUT RAPIDEMENT DÉGÉNÉRER EN SEPTICÉMIE.

AVEC UN PEU DE CHANCE, ON TOMBERA DEMAIN SUR UN VILLAGE AVEC UN DISPENSAIRE.

LA CHANCE, JE N'Y CROIS PLUS BEAUCOUP.

MAIS MERCI DE VOUS INQUIÉTER POUR MOI, GÉNÉRAL. JE VAIS ESSAYER DE DORMIR UN PEU.

48

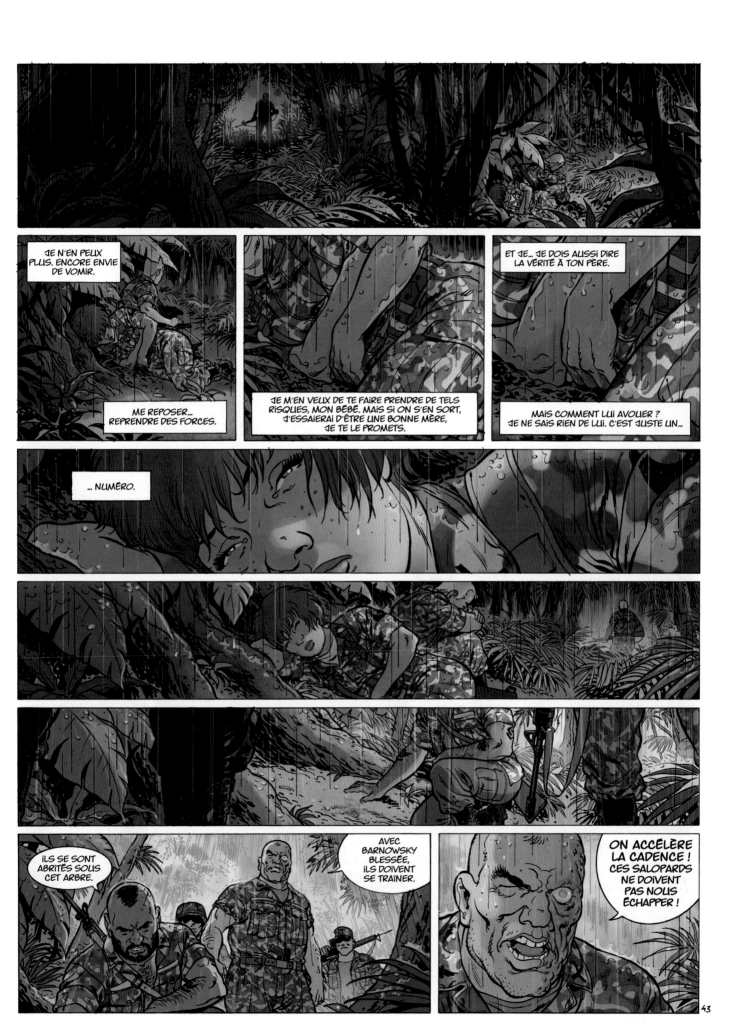

SALOPERIE
DE PLUIE.

JE N'AI PAS FERMÉ
L'ŒIL DE LA NUIT.

ALLEZ, ACCROCHE-TOI !
TU N'ES PLUS SEULE,
MAINTENANT...

... TU N'AS
PAS LE DROIT
D'ABANDONNER.

IMPOSSIBLE
DE TRAVERSER.

LONGEONS
LA BERGE.

LÀ-BAS !
UN PASSAGE !

44

46

MAJOR, VOUS PASSEZ DEVANT. BARNOWSKY, VOUS LE SUIVEZ. EN AVANT !

ATTRAPEZ MA MAIN !

BLAM

NOM DE DIEU !

FEU À VOLONTE !!

BETTY !!!

¡ AGARRE LA CUERDA, GENERAL !

PEUX PAS LUTTER...

PLUS DE FORCE...

PARDON, MON BÉBÉ...

PARDON...

... MON MÉDECIN PERSONNEL EST À SON CHEVET. ELLE EST ENTRE DE BONNES MAINS, GÉNÉRAL.

LA TRANSFÉRER DANS UN HÔPITAL MILITAIRE NE FERAIT QUE L'ÉPUISER DAVANTAGE...

TRÈS BIEN, JE VOUS LA CONFIE, DE PRÉSEAU. TENEZ-MOI RÉGULIÈREMENT INFORMÉ DE SON ÉTAT.

JE N'Y MANQUERAI PAS, GÉNÉRAL.

ON VOUS DOIT UNE FIÈRE CHANDELLE... SANS VOTRE INTERVENTION, NOUS AURIONS CONNU LE MÊME SORT QUE LE CAPITAINE HANSON.

NOUS AVONS PU TRANSPORTER LA DÉPOUILLE DE CE MALHEUREUX DANS UN VILLAGE PROCHE DU LIEU DU CRASH. VOTRE ATTERRISSAGE N'EST PAS PASSÉ INAPERÇU ! LA FORÊT GROUILLE DE CONTREBANDIERS ET DE GUÉRILLEROS EN TOUS GENRES...

... ET J'AI POUR HABITUDE DE SAVOIR TOUT CE QUI SE PASSE DANS LA RÉGION.

QUAND J'AI APPRIS PAR UN CONTACT À VOTRE AMBASSADE QUE NOTRE CHÈRE BETTY ÉTAIT À BORD...

... J'AI AUSSITÔT FAIT APPEL À QUELQUES AMIS, QUI M'ACCOMPAGNENT DANS CERTAINES AFFAIRES "DÉLICATES", POUR QUADRILLER LA JUNGLE. IL NOUS A FALLU 36 HEURES POUR RETROUVER VOTRE TRACE. VOUS CONNAISSEZ LA SUITE...

NOUS NE VOUS REMERCIERONS JAMAIS ASSEZ, DE PRÉSEAU. MAIS NOUS DEVONS VOUS QUITTER...

IL NOUS FAUT ENCORE REMETTRE DE L'ORDRE CHEZ LES SPADS.

LES PORTES DE MON HACIENDA VOUS SERONT TOUJOURS OUVERTES, GÉNÉRAL !

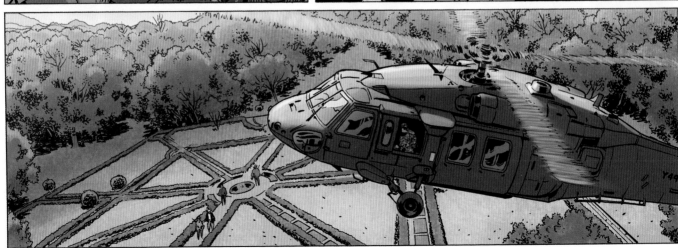

50

COMMENT VA NOTRE PATIENTE, FÉLIPE ?

ÉCOUTE, ARMAND, JE DOIS TE CONFIER QUELQUE CHOSE. C'EST L'AMI QUI TE PARLE, PAS LE MÉDECIN.

ELLE SE REMET DOUCEMENT, ELLE A SURTOUT BESOIN DE REPOS.

CETTE JEUNE FEMME ÉTAIT ENCEINTE.

ELLE A FAIT UNE FAUSSE COUCHE.

JE NE SAIS PAS CE QU'ELLE REPRÉSENTE POUR TOI, MAIS IL EST PRÉFÉRABLE QUE TU LE SACHES.

JE TE REMERCIE, FÉLIPE...

PUIS-JE LA VOIR ?

JE TE LE DÉCONSEILLE. LAISSE-LUI UN PEU DE TEMPS POUR TRAVERSER CETTE ÉPREUVE...

... SEULE.

IL NE DOIT JAMAIS SAVOIR. NI LUI. NI PERSONNE.

JAMAIS.

BETTY ?

VOUS ALLEZ BIEN ? VOUS ME SEMBLEZ PRÉOCCUPÉE.

SI VOUS DÉSIREZ M'EN PARLER...

MERCI, ARMAND. MAIS JE CROIS QU'IL EST TEMPS POUR MOI DE TOURNER LA PAGE... DÉFINITIVEMENT.

ALORS LAISSEZ-MOI VOUS AIDER À ÉCRIRE UN NOUVEAU CHAPITRE, SI VOUS LE PERMETTEZ.

VOUS COMPTEZ BEAUCOUP POUR MOI, BETTY... BIEN PLUS QUE JE NE L'AURAIS IMAGINÉ.

C'EST EXACTEMENT CE QUE J'AVAIS BESOIN D'ENTENDRE.

ARMAND...

... EMBRASSEZ-MOI.

PETITE
CACHOTTIÈRE...

BONNE
SOIRÉE, MON
MAJOR.

MERCI,
LASSITER.

DÉPÊCHONS-NOUS,
JONES ! CARRINGTON
A HORREUR QU'ON
ARRIVE EN RETARD
À SES DÎNERS.

IL A BEAUCOUP DE
CHOSES À NOUS RACONTER.
SA DERNIÈRE MISSION AU
SAN MIGUEL SEMBLE AVOIR
ÉTÉ PARTICULIÈREMENT
MOUVEMENTÉE.

J'AI HÂTE
D'ENTENDRE
ÇA !

À PROPOS,
XIII...

... VOUS
NE DEVINEREZ JAMAIS
QUI VA SE MARIER...